LE
CANAL DE SUEZ

LES DÉPUTÉS

ET

L'OPINION PUBLIQUE EN FRANCE

PARIS

IMPRIMERIE DE L. TINTERLIN ET C°.

Rue Neuve-des-Bons-Enfants, 3.

LE
CANAL DE SUEZ

LES DÉPUTÉS

ET

L'OPINION PUBLIQUE EN FRANCE

PAR UN ACTIONNAIRE

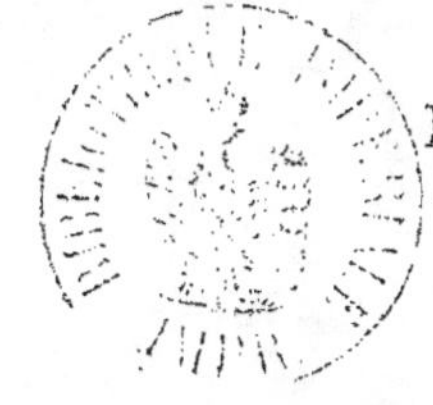

PARIS

E. DENTU, LIBRAIRE – ÉDITEUR,

PALAIS-ROYAL, 17-19, GALERIE D'ORLÉANS

1864

LE
CANAL DE SUEZ

LES DÉPUTÉS

ET

L'OPINION PUBLIQUE EN FRANCE

1

INTRODUCTION

Allons donc ! le canal de Suez, entendrez-vous dire avec un certain mépris aux faiseurs, aux *remisiers*, aux brasseurs et manieurs d'affaires et d'argent ; peuh ! mais c'est un véritable placement de père de famille !...

Le canal de Suez est peu prisé à la Bourse : pourquoi ?

Magnifique éloge en ces temps d'escroquerie et d'agiotage où les flibustiers prospèrent et pullulent ; car c'est proclamer bien haut qu'on n'agiote et qu'on ne flibuste pas le public, c'est reconnaître, en un mot, que le canal est très-honnête, et c'est bien rare !

Et pourtant, chose étrange, absurde même, stupide, incroyable au premier abord ; mais qui n'en est pas moins exacte en vérité, il est constant et démontré pour l'observateur que la foule des Béotiens, ce que les journaux les plus avancés et accrédités (ils font l'opinion bête ou non) appellent modestement le public *intelligent*, sinon d'élite, le million fameux de lecteurs que vous savez ; oui, l'actionnaire, l'*actionnaire* puisqu'il faut le nommer enfin, aime à être un peu étrillé, volé ou dupé ! Pourquoi ? je vous le demande. Tel emprunt que vous savez, par exemple, quel placement sûr et avantageux, entre parenthèses ? *Ab uno disce omnes !*

De temps à autre, il faut pour lui fouetter le sang et n'en pas perdre tout à fait l'habitude, il lui faut plus qu'un scandale, un bon petit désastre à la Bourse, sans quoi entre deux révolutions, deux discours-ministre ou deux guerres, l'existence deviendrait aussi par trop fastidieuse et monotone. L'actionnaire est comme le joueur, qui aime et poursuit la poignante et fébrile émotion du jeu non plus pour l'enjeu mais pour elle-même.

Vrai ! on nous surfait un peu beaucoup l'éternel *progrès* des temps modernes ; car malgré les lois de sa prétendue marche ascendante et inévitable, le bon sens a trop souvent tort ; reconnaissons-le autour de nous. Spirituels, mais légers, nous tournons à devenir un véritable peuple d'*actionnaires*. Nous aimons l'inconnu, les émotions fiévreuses, les aventures, les jeux de hasard trop souvent en politique, hélas ! et même jusque dans nos propres affaires aussi bien publiques que privées.

Il y a longtemps de cela : bien avant les immortels et ennuyeux principes de 89, dont on nous rompt la tête à tout propos et à propos de tout, avant leurs impérissables conquêtes qui casseront le col à la société un beau matin, Law et son système fameux (pour le temps, depuis nous en avons bien vu d'autres), eh bien ! Law n'était-il donc pas déjà toute une grande, une immense révélation ?

Dès lors, cette *affaire* n'indiquait-elle pas suffisamment à quel point les Frrrrrançais sont égaux, avant comme après la tyrannie, devant le besoin impérieux et généralement bien senti de se ruiner ? Pour un peuple régénéré, c'est si pot-au-feu le bonheur constant et la vie tranquille ?

Grande époque que la nôtre ! Certes, des bienheureuses mines de *Saint-Berain* et autres joyeusetés, valant à peu près le Mississipi, ma foi ! aux trop nombreuses mystifications présentes, que de jobards libres enfin de se faire voler mais qui, par compensation, ne redoutent plus l'*inquisition*, les *nobles* et la *prêtraille*, et se sentent à l'aise. Que de niais déblatèrent en vrais ânes bâtés, contre un passé, après tout, glorieux et surtout fructueux ; car c'est notre histoire dont ils ne savent rien, répétant ou applaudissant de très-plates énormités inutilement et mille fois rétorquées de la façon la plus péremptoire, et qui n'en sont pas moins eux littéralement en coupe réglée, en exploitation permanente par ce qu'on appelle *les habiles*, les gens intelligents de leur époque, celle des escrocs politiques et domestiques, il y en a pour tous les goûts.

Dire que l'expérience ne servira jamais à corriger la sottise des peuples ? Que l'*Icarie*, ou telle autre farce de 48, demain refleurirait encore sous une autre désinence ? O civilisation à la vapeur, pourquoi faut-il donc que tes malheureux enfants, véritables moutons de Panurge, soient condamnés, lamentable holocauste, longtemps encore et peut-être toujours, j'en ai peur, à sacrifier d'une façon bien désastreuse au veau d'or implacable, puisque leur fortune, leurs épargnes, tout leur avoir sera fatalement la proie inévitable des Robert Macaire ?

Au fait il faut se mettre à leur place, et n'ont-ils pas raison ? puisque, se basant sur la foi des traités, ils lisent tous les matins dans leur bon journal, qu'à tout jamais *les éternels principes*, déjà cités, ont proclamé les droits nouveaux et imprescriptibles avec la réforme des abus. Donc, il n'y en a plus ; car à l'âge d'or où nous sommes et, jamais l'or ne joua un plus grand rôle, il ne saurait être question, quoi qu'il advienne, de l'exploitation de l'homme par l'homme ; par la femme, les principes n'en disent rien que je sache, et c'est, il me semble, une très-regrettable et fort humiliante lacune pour la plus belle moitié du genre humain.

Si, nous croyant modestement plus d'esprit que les autres peuples, *nos frères*, depuis 89 seulement (quoique jamais, au grand jamais, nous ne les ayons si fratricidement fusillé et mitraillé, léger détail), tandis que nous faisons nous-mêmes, pourtant fort bel et bien trop souvent, des brioches, mon Dieu c'est tout simplement parce que l'instruction *forcée*, obligatoire, n'est pas encore appliquée *forcément*, en vertu de la liberté, à tous les jeunes polissons récalcitrants de France et de Navarre, comme dirait un réactionnaire retardataire, et il y en a peut-être encore?

Mais lorsque nous aurons de quarante à cinquante mille maîtres d'école, solide armée de véritables fonctionnaires souples, quoiqu'un peu rogues et rébarbatifs, mais bien stylés aux idées nouvelles, oh! alors, que de bonheur et de félicité pure, et tout sera dit...... Au nom de la loi, plus par la grâce de Dieu, mais grâce à la souveraineté du peuple et la volonté nationale, les bataillons de *magisters* formés démocratiquement à l'école normale pour cuisiner le progrès, inculqueront d'autorité avec l'alphabet aux simples et timides villageois, la prose de MM. Havin, Guéroult et consorts, l'économie politique, les discours, les lettres, les circulaires et le fameux programme de Son Excellence de l'Instruction publique, plus une foule d'autres belles sciences politico-humanitaires. Il saute aux yeux que, désormais éclairés sur leurs véritables droits, délivrés de l'obscurantisme et, bien entendu, des préjugés abrutissants du papisme, des influences néfastes *du parti prêtre* et *des jésuites!* alors nos bons cultivateurs, franchissant pour tout de bon le pont aux ânes, le rubicon de l'ère de l'avenir, de la liberté, etc.! je dirai même, comme autrefois, le serpent du paradis terrestre, mordant à *la science du bien et du mal*, qui tenta jadis notre mère Eve, oh! le peuple, le peuple souverain, notre maître, les ouvriers, la classe si intéressante des travailleurs, les déshérités jusqu'ici enfin, vont pouvoir disserter tout aussi bien par A+B, élections, nationalités, constitutions, ministères,

actions, bourse, reports et primes fin courant, que sur les
sujets un peu plus pratiques des engrais, du drainage, de
la chimie organique ou des assolements, etc. Toutefois
il pourrait bien se faire que les grandes questions du moment d'alors, « il nous faut toujours une question pal-
pitante, » qui, espérons-le, seront moins fastidieuses que
le Schleswig-Holstein ou le Zolwerein, et le roi des Grecs
futur ou les Moldo-Walaques, sans parler de la question
d'Orient qui nous pend toujours à l'oreille, il se pourrait,
dis-je, que la politique appliquée à tous fit à certain moment pressant un peu tort à la charrue ; mais après tout ne
faut-il pas un revers à chaque médaille ? L'important, l'es-
sentiel, disons-le, c'est que forcément devenus tous également forts, égaux en sciences naturelles, surnaturelles,
psychologiques, morales, économiques et surtout politiques, tous des aigles, entendez-le, alors sous aucun prétexte
il ne sera plus possible que personne se trompe pour les
affaires du pays (auxquelles tout le monde voudra néces-
sairement mettre la main) comme pour les intérêts parti-
culiers. En vertu de la perfectibilité humaine, nous, ou du
moins nos descendants, n'importe à quelle génération, serons parfaitement infaillibles, ce n'est qu'une simple question de temps ; seulement il faut du temps ; mais peu importe, et consolons-nous de la barbarie du bon vieux temps
par l'aurore qui luit enfin, et surtout à la douce et agréable
pensée que nous ne ferons et même ne verrons plus de
boulettes, plus d'écoles et d'âneries d'aucune espèce.......
Il serait grand temps ; car les budgets *progressent* chaque année et ne semblent pas tendre à la décroissance ; les
révolutions, si elles nous éduquent, nous ont coûté bon, et
nos plus belles colonies entre autres ; mais qu'importe. On
aurait pu les remplacer avantageusement, il est vrai, dit-
on, par l'Algérie, terre fertile, à quelques heures seulement
de nos rivages. Après y avoir inutilement prodigué des
milliards et beaucoup trop de sang généreux, les mau-

vaises langues remarquent, non sans raison, qu'au bout de trente-quatre ans d'occupation, c'est quelque chose, la population européenne n'atteint pas, à beaucoup près, deux cent mille âmes, découragées par les dernières mesures touchant la propriété arabe. En résumé, nous ne voyons pas encore de bien beaux résultats après tout, si ce n'est peut-être des spahis et des turcos au quai d'Orsay.

Si, au lieu de nous agiter stérilement, de nous agoniser d'injures pour finir par nous entre-égorger périodiquement, si nous avions un peu moins d'esprit et plus de bon sens, tout au moins plus d'esprit pratique et juste, c'est bien en Algérie que je voudrais et comprendrais sous l'initiative et l'omnipotente action administrative des gouvernements qui se suivent et ne se ressemblent pas précisément (l'État tend à l'absorption universelle), c'est sur nos belles possessions d'Afrique qu'on devrait entraîner et diriger le puissant et patriotique effort de l'association des capitaux et une multitude de compagnies françaises. Mais je tremble que de bien longtemps les capitaux, le vil métal, ne brillent pas fort par le patriotisme. Grand Dieu, pourtant, nous éprouvons très-fortement l'impérieux besoin de nous associer !..... Mais c'est évidemment l'avant-coureur obligé de la grrrrande et sublime frrrrraternité universelle des peuples associés par la démocratie, pour mettre fraternellement en commun toutes les productions de leurs industries sœurs, toutes leurs richesses, leurs constitutions aussi et leurs princes et souverains à la porte, cela va sans dire. Quelle séduisante perspective que cette néo-société future, anti-catholique et même anti-chrétienne, où l'on aura la joie d'avoir tout détruit de cet affreux passé pour tout édifier à nouveau à la barbe des cléricaux obstinés ! Ah ! quelle figure ils feront lorsque tout de bon nous verrons vider le sac-Havin du grand *Siècle*. Ce sera superbe.

Cette monomanie de commandite à tout rompre, d'association à tout prix, cette frénésie d'actions industrielles quelquefois plus que douteuses, tout cela ne serait-il pas un peu forcé, une inévitable urgence, un signe des temps? Quelques esprits chagrins, moroses ou échaudés par la réclame et ses funestes conséquences, prétendent y voir une marque d'amoindrissement individuel sinon moral, à Dieu ne plaise, au siècle des lumières, allons donc! mais tout au moins matériel, où l'individualité tend à s'effacer, à disparaître pour faire place à la généralité, j'allais dire la banalité. On ne peut contester que le niveau révolutionnaire du partage égal destructif, qui va si bien dépeuplant la province et broyant la famille elle-même, fondant les fortunes si grand train au désastreux creuset égalitaire, à chaque génération nivellera lestement les individus également ruinés à un jour peu éloigné, en divisant, volatilisant les capitaux comme il morcelle et détruit non-seulement les fortunes territoriales, mais la terre, c'est-à-dire l'héritage du simple paysan. Il ne faut pas être bien clairvoyant pour prévoir que le morcellement infinitésimal rendra l'agriculture impossible, c'est le mot, et pourtant plus d'une forte tête du Corps Législatif voit dans ce fractionnement absurde une des plus mirobolantes conquêtes de 89! Que dire? si ce n'est qu'un peuple n'a que ce qu'il vaut et ce qu'il mérite. Tu l'as voulu, George Dandin! et bien mérité surtout; et lorsque tu voudras te plaindre il sera *trop tard!*

L'annihilation individuelle, par suite du partage égal, rendra l'association inévitable, sauf pour l'agriculture.

Dans un discours fort remarquable, quoi qu'on en dise, et surtout fort sensé, raison pour laquelle on n'y fit pas d'attention, M. le baron de Veauce, dans la séance du 20 janvier 1864, voir *le Moniteur*, élevait sagement la voix en faveur de l'autorité paternelle désarmée contre le fisc, n'ayant pas même le droit de tester. L'orateur est bien désintéressé puisqu'il n'a pas d'enfants.

Nous parlons toujours de liberté, nous la mettons à toutes sauces, nous faisons en son nom des émeutes, des révolutions, des guerres pour l'impatroniser brutalement chez nos voisins qui se passeraient bien de la politesse, et nous ne sommes pas seulement libres de disposer, de faire de notre bien le premier emploi qu'indiquerait le bon sens : conserver notre famille, la terre de notre nom, le champ, le foyer paternel ou la raison sociale de notre maison de commerce, dont la probité, la droiture, firent la fortune. Rien ne pourrait résister à un principe dissolvant de cette force. L'Amérique, aussi démocratique que notre société peut l'être, mais plus positive et plus sage, comme l'aristocratique Angleterre, ce qui ne nous ouvre pas les yeux, a le *droit de tester* et d'échapper ainsi à la triple ruine des fortunes, des familles, des noms, trois choses que notre démocratie intelligente désire au même titre voir anéantir pour qu'il n'y ait plus de jaloux. Elle en viendra à bout avant que la haine sotte et envieuse des médiocrités basses, rancuneuses et stupides, soit satisfaite par un cataclysme. C'est si bon de ne rien voir qui fasse ombrage, qui nous surpasse, nous humilie d'une abominable supériorité.

Le morcellement est une ruine. Lorsqu'on voudra y remédier, ce qui serait contraire à nos idées, il sera trop tard !

En attendant, les chiffres effrayants qu'apportait M. de Veauce ont une sinistre éloquence. En 1850, le recensement accuse 7,846,000 propriétaires. Il n'est pas étonnant que trois millions de ces citoyens, presque la moitié, hélas ! ne payent pas de contribution personnelle pour cause d'indigence, le nombre des parcelles arrivant à la fabuleuse quotité de *cent vingt-six millions !* De plus, six cent mille propriétaires ne payent que cinq centimes d'impôt. Aussi, dit fort judicieusement l'orateur, « qu'attendre de personnes indigentes n'ayant à exploiter que quelques mètres de terre ? C'est tout simplement l'absurde. »

Nous sommes en l'an de grâce 1864, et qu'il plaise au Sénat de vouloir bien nous octroyer un nouveau rapport pour nous dire de combien s'est accru par suite du morcellement, ce beau progrès, le nombre des propriétaires indigents malgré cette pompeuse qualification ; et combien les cent vingt-six millions de parcelles se sont encore morcelées depuis lors pendant ces quatorze ans? Qu'on nous le dise? La chose en vaut la peine et mérite au moins d'être étudiée à fond. Messieurs de la science économique sont colossalement forts en chiffres; il n'est pas besoin cependant d'avoir brillé à l'École polytechnique pour établir la proportion que donnera ce nombre fabuleux et toujours croissant de parcelles en 1889, à un siècle juste de la promulgation des superbes choses qu'on n'admirera pas toujours peut-être avec un fétichisme aussi splendide. Un beau jour on découvrira que rien n'est moins neuf que l'orgueil égalitaire. L'esprit humain depuis la tour de Babel s'agite fatalement dans le cycle de ses passions, et Salomon l'avait déjà dit : rien de nouveau sous le soleil. Nous n'en sommes encore qu'à l'enthousiasme béat de ce que notre futilité nous empêche de voir et de comprendre, 89 *for ever!* et s'il le faut, qu'on nous fasse du blé et des raves par actions, si elles ne montent pas ce sera la faute du parti clérical, et nous mangerons de la croûte de pâté, que diable ! est-ce que le progrès ne changerait pas, n'améliorerait pas le pain de chaque jour tout comme les constitutions? Les économistes nous promettent la vie à bon marché, nous la voulons, qu'on nous la donne.

Je sais qu'on rêve *association agricole*, et pour cela faire, il faut bien peu connaître le cœur humain et porter loin l'acharnement frénétique de l'association. Honneur au courage malheureux ; mais eussions-nous la famine à l'état chronique, et par cela même que nous aurions faim, jamais, j'articule l'expression, la vertu, le civisme, le patriotisme et toutes les farces patriotiques et démocratiques ne pourront fraterniser au point de produire une gerbe de blé phalanstérienne. Les paysans, en attendant les économistes, savent très-bien qu'il y aura toujours des fainéants, des braillards et des histrions. Ils connaissent encore mieux toutes les nuances *du tien* et *du mien* auxquels ils sont fort sensibles, et sont trop défiants de leur nature, trop intelligents, pour ne pas reconnaître qu'on leur promet toujours plus de beurre que de pain, pour n'arriver qu'à des déceptions. Si leur vie matérielle s'est améliorée, il n'en faut pas moins baisser toujours la taille des conscrits pour trouver le chiffre toujours croissant du contingent annuel. 89 les a délivrés, c'est positif, de *la corvée* pour leur donner *les prestations*, de *la dîme* pour un budget qui passe deux milliards, des fiefs et des seigneurs pour la centralisation, la bureaucratie et surtout la conscription, ce lourd impôt du sang dont le riche peut cependant s'exonérer. Singulière inconséquence qui me choque chaque fois que j'y songe, en haussant les épaules sur la puissance des mots, puisque chez nous les mots remplacent les choses très-avantageusement, et qu'on est content. Quoi qu'il en soit, les populations rurales croient peu à l'efficacité, à la bonne foi principalement des associations. Elles riront beaucoup lorsqu'on viendra gravement leur proposer l'agriculture en commandite et la communauté des engrais secs ou liquides, car elles redouteront instinctivement les accapareurs ou la contrefaçon. Ces bonnes gens vous répondront qu'il y a déjà bien assez parmi eux de germes et de causes de mésintelligences, de division dans les familles, de procès, de chicanes, de finasseries, de fourberies, de jalousies, de rancunes, en un mot, de querelles d'intérêt et de cabaret, non pas seulement en Normandie, mais partout, sans aller encore les engager à s'entendre ingénuement pour labourer, fumer, herser, biner, faucher et moissonner pour ceux qui ne sèment pas. Il n'y a que dans les couvents, Messieurs les idéologues, qu'en vertu de l'humilité, de l'obéissance passive et de toutes les vertus chrétiennes, où depuis des siècles on voit semblable prodige que vous n'inventez pas. Mais vous ne voulez pas des couvents et vous fulminez à la seule idée des biens de main-morte. Cherchez donc une loi qui règle et assure l'équitable répartition des produits agricoles, à chacun suivant son mérite et son appétit. En-suite vous prendrez des arrêtés municipaux pour mettre l'accord et la bonne harmonie chez le beau sexe. Allons, essayez d'associer ces dames et leurs poules!... Mais vous ne sentez donc pas que, dès le début, la première charrette de fumier à fournir en commun suffirait pour mettre en fort mauvaise odeur parmi les simples et naïfs enfants des campagnes, fort sceptiques de leur nature, votre système de culture fraternelle impossible à réaliser?

Malgré, ou plutôt par suite de nos grandes découvertes, nous sommes loin de la vie pure et des agapes des pre-miers chrétiens, des mœurs édifiantes de la primitive Eglise. Même à cette époque où les fidèles préféraient le martyre aux sensualités payennes, auxquelles nous reve-nons tout doucement, quoiqu'ils s'isolassent sévèrement des Juifs, méprisant leur argent et toutes les concupiscences qu'il entraîne, Ananie et Saphyre, par avarice et duplicité, voulurent tromper le Saint-Esprit lui-même! Quel exemple décourageant puisqu'au temps des Apôtres il y avait déjà des faux frères; et que serait-ce donc actuellement? Pauvre nature humaine, les utilitaires, les ex-Saint-Simoniens, les Phalanstériens, les libres penseurs et autres rêveurs veulent ce que Dieu lui-même n'a pu faire, te rendre par-faite, en supprimant la crainte de sa justice, sa divinité, son culte et sa sainte croyance, la pratique des vertus et la foi, pour remplacer tout cela par le culte de la matière, l'égoïsme, l'orgueil et l'intérêt grossier, les jouissances, en un mot, qui constituent leur progrès à eux dont ils se disent les tristes apôtres!... Triste.

Revenons aux actions bonnes, aux sociétés, aux spécu-lations faisables et praticables, et ceci nous ramène natu-rellement au canal de Suez dont nous nous éloignons dans le désert des rêves creux.

Ainsi par une bizarrerie chez nous fréquente, nous méprisons Alger, ses riches mines, son coton et autres denrées coloniales, ses chemins de fer trop près de nous, qui par cette raison ne tentent pas nos spéculateurs. Ils préféreront les emprunts turc ou italien ; la Californie plus lointaine, les chemins austro-lombards, russes, crédit espagnol et compagnie, c'est tout simple. Nous aimons l'exotique en affaires, sans doute afin de n'y pas voir très-clair d'aussi loin, rien de mieux. Mais pourtant le canal de Suez, de beaucoup la plus colossale œuvre, la plus gigantesque et la plus utile des temps modernes, un rude progrès celui-là, nous laisse insouciants ! Ce canal avait le double avantage d'être à la fois une chose française et universelle, unissant et rapprochant toutes les parties du globe. Le commerce du monde entier, c'était assez cossu ! Ce résultat est d'une exécution facile, quoi qu'en disent nos fidèles alliés d'outre-Manche, qui engloutirent dans leur sot orgueil maritime plus d'or inutile pour ce ridicule bâtiment-monstre, le *Great-Eastern*, que n'en dépensa la Compagnie pour tous les plans, devis et les études préparatoires du canal de Suez.

Un capital de deux cents millions seulement pour toucher un droit de tonnage incalculable ? Mais outre la gloire de cette entreprise toute française, je le répète à dessein, dont la première initiative remonte, après les Pharaons et les Califes, aux savants de la commission d'Égypte et au premier empereur (ce qui devrait engager sa dynastie), est-il et fut-il jamais une entreprise plus grandiose ? Deux cents millions ! mais quel est le chemin de fer, je dirai presque de troisième ordre, avec ses obligations, ses revêtements, terrassements, drainages, matériel à renouveler, etc., qui ne coûte pas ce prix-là. Seul le tronçon du Genève en approche. Pourtant l'enthousiasme fut modéré ; car S. A. Saïd-Pacha, alors vice roi d'Égypte, fut obligé, afin d'éviter un fiasco, de compléter la souscription totale pour environ quatre-vingt-six millions, si j'ai bonne mémoire, et ce fut une grande faute. Non, le public français ne donna pas par cette fâcheuse indifférence une très-haute idée de son patriotisme, tandis que pour gagner quelques sous il couvre combien de fois le premier emprunt venu? Ainsi on ne nous dira pas que le capital et le numéraire ne sont pas voraces pour spéculer.

Décidément notre éducation est incomplète et laisse encore à désirer. Je regarde moins fièrement la colonne ; et, moi aussi, je me range à l'opinion de l'instruction obligatoire, bravo ! M. Havin, allons, les maîtres d'école à la rescousse.......

Convenons-en actuellement que ce qui est fait est un fait accompli : outre l'excellence de l'opération financière, le canal enlevé et lestement achevé, quelle niche pour les Anglais ? Quelle influence pour la France, en Orient d'abord et partout ailleurs ensuite? C'était l'éclatante revanche tardive, la contre-partie heureuse et glorieuse, — l'industrie n'a-t-elle pas aussi ses gloires ? — du fatal et honteux traité de 1840, que nous devons à la petitesse lilliputienne de M. Thiers, le grand historien révolutionnaire. Cet habile homme d'État, dont l'adresse est si vantée, fanatique admirateur de la révolution qui l'aveugle, est dans l'impénitence finale, car sa politique *bourgeoise*, étroite, mesquine et couarde, se formulait complaisamment encore à propos du Mexique par cette honteuse maxime, mais plus que douteuse chez nous, espérons-le : « Là où s'arrêtent les moyens finit l'honneur !.. » *Infandum*, la paix à tout prix ; c'était bon pour Louis-Philippe et le juste-milieu des satisfaits, des repus de 1830. Triste époque. Avant la régénération sociale, un homme d'État qui aurait osé proférer dans une assemblée française pareille couardise, eût été honni et conspué pour ne pas mieux dire.

Sous la féodalité, qu'on nous reproche à propos de bottes et à laquelle nous n'avons plus rien à voir depuis tantôt des siècles, au temps de la renaissance comme sous les horreurs de l'ancien régime, trois époques qu'on veut bêtement supprimer de nos annales, et où, s'il y eut du mal, il y eut de la gloire au moins, la France fut toujours fière et chevalereuse. Il nous reste, certainement, plus de profit de ses vaillants coups de lance et d'épée que des résultats verbeux et stériles de nos écrivassiers et de nos brouillons. L'encre ne mit jamais de baume sur les plaies sociales qui saigneront longtemps encore ! Je conçois donc l'impatience et les sarcasmes judicieux de certaines gens qui, tout paisibles et bons citoyens qu'ils soient, finissent par ridiculiser irrévérencieusement et plaisanter de certains personnages politiques, excellences ou non excellents, qui, par une sorte de tic nerveux et fatiguant à la longue, semblent fatalement condamnés par le destin à n'ouvrir la bouche que pour filandrer pâteusement, et sans la moindre variété consolante et récréative, d'éternelles rangaines déclamatoires, devenues puériles, ennuyeuses comme les journaux prêtrophobes, à dégoûter enfin du *libéralisme* et du monde nouveau. A leur insu, les malheureux deviennent réactionnaires, et nous feront en désespoir de cause finir par briser ce que nous idolâtrons ! Puisse le ciel, dans sa miséricorde, préserver nos neveux plus fortunés que nous, des utopies creuses, des ambitions coûteuses, des bouleversements ruineux que nous valurent la gent avocassière, les intrigants politiques, en un mot, certains parvenus trop tôt venus, et qui coûtèrent plus cher que jadis les *tards venus* à nos pères !

II

L'ANGLETERRE ET LE CANAL

Si nous avions *l'esprit véritablement national* dans cette belle France moderne, il faudrait que chaque individu, électeur, garde national, décoré ou non, se méfiât instinctivement de deux choses, savoir : tout ce que patronne l'Angleterre et par la même raison de tout ce que tambourinent à tant la ligne (quelle honte!) nos spirituels journaux Anglo-Garibaldo parisiens, *timeo Danaos!*

Parce que la France, outre la démocratie, a de grandes idées, de généreux instincts, de nobles aspirations, parce qu'elle est assez riche pour payer sa gloire, pourquoi de tout temps faut-il que le léopard britannique avec sa féline et perfide duplicité marchande, son hypocrisie égoïste que la terre entière lui reproche et finira par punir, vienne traverser nos projets, contre-carrer toutes nos entreprises? Voyez le congrès, les bombes Orsini (1), les massacres de

L'Angleterre, depuis Guillaume le Bâtard jusqu'au congrès proposé hier par la France, n'a cessé d'être toujours sur notre route comme un obstacle à tout.

(1) Ces quatre Italiens, Grecco, Trabucco, Imperatori et Scaglioni, scélérats envoyés par Mazzini, l'hôte inviolable des Anglais, pour assassiner de nouveau l'Empereur avec les bombes encore venues d'Angleterre, sont tous quatre des héros garibaldiens, des *mille*, ayant porté la chemise rouge pour

Syrie, le gouvernement du signor Benito Juarez au Mexique ; voyez le canal de Suez comme jadis l'expédition d'Égypte, avant l'Inde et depuis, la conquête d'Alger, Mohamed-Ali, etc.

Ainsi dans cette pacifique circonstance toute civilisatrice et certes bien commerciale, au lieu de nous dire loyalement : « Il y a longtemps, bien longtemps que nous avons, « très-amés et fidèles alliés, la conscience un peu bour-« relée à votre endroit par suite d'assez nombreux méfaits, « principalement au sujet de vos ex-possessions de l'Inde. « Jadis nous vous en expulsâmes, c'est vrai, à la faveur « de vos sanglantes horreurs et des désastres de votre « belle et glorieuse révolution (nous en sommes plus fiers « et plus satisfaits que vous) ; par cette raison donc, la « prudence étant la mère de la sûreté et ne nous souciant « pas précisément de voir reparaître chez vous des *Du-« pleix*, des *Suffren*, des *La Bourdonnais*, *De Grasse*, *Du « Couëdic, etc.*, et autres grands hommes de mer quoique « de l'ancien régime et qui précisément par ce canal trou-« veraient aisément le chemin pour venir reprendre votre « bien, nous faisons du susdit canal un *casus belli*. » Suivraient les protocoles, en foi de quoi les ministres soussignés, etc. Nous aurions cette franchise ou plutôt ce courage, nous autres. Au lieu de cela, que font les Anglais, nos bons amis ? Bravement ils n'osent montrer leur désappointement, ni s'opposer carrément à la constitution d'une compagnie cosmopolite, aux débuts de l'opération, enchantés même de voir *l'idée française* exposer des capitaux français : car leur espérance est bien qu'ils les feront sombrer en mettant seulement des bâtons dans les roues. Ils soulèvent donc auprès de la Porte les argu-ties diplomatiques les plus insoutenables pour sauve-

Sans s'opposer officiellement au percement de l'isthme, les Anglais veulent ruiner la compagnie et arrê-ter l'entreprise tout doucement, sans avoir l'air d'y toucher.

renverser le Bourbon tyran de Naples la Belle, aujourd'hui libérée et si heureuse, grâce à l'Angleterre, qui veut les soufres de la Sicile et les vins de Marsala !

garder sa prétendue suzeraineté menacée, ils font naître mille objections spécieuses, toutes les subtilités, chicanes et machiavéliques tracasseries, les arguties diplomatiques les plus cauteleuses pour gagner du temps et ruiner ainsi la compagnie. Lorsqu'ils auront par ces moyens détournés, fait traîner les travaux des années entières, tout peut devenir problématique, car la chèreté si rapidement croissante de tout, subsistances, matériaux, machines, combustibles, mais surtout de la main-d'œuvre, même en Égypte, tout cela, que sait-on, peut se combiner avec les révolutions, les guerres, l'imprévu ce grand maître ! Alors la pauvre société aura perdu son temps et sa jeunesse avec son argent. *Time is money*, comme le disent avec raison nos rusés voisins, qui reprendront les travaux à leur compte soyez-en sûr, ou plutôt, tout en dévoilant leur tactique, espérons bien que nous ne serons pas assez simples, quelle que soit notre légèreté, pour les laisser faire.

Ce n'est pas tout, dans l'intérêt exclusif et bien compris des actionnaires, tendre sollicitude, ils prétendirent longtemps, voulurent prouver au monde savant et intéressé que l'exécution du canal était dangereuse et matériellement impossible. *O Punica fides !*

Mais un Français, une illustration pour nous, Linant-Bey, depuis longtemps directeur-général des travaux publics du vice-roi, d'abord officier distingué de notre marine et depuis quarante ans fixé en Egypte, les a, on peut le dire, bafoués *ab ovo* et dissipa totalement leurs scrupules charitables. Linant-Bey a fait ses preuves, les bords du Nil lui doivent beaucoup: cartes, canaux d'irrigation et de navigation, écluses, ponts et chaussées, constructions et travaux utiles de toute nature.

Reprenant donc pour les redresser les calculs trigonométriques de l'ingénieur Le Père et de la savante commission d'Égypte, il prouva par de nouveaux nivellements

irréfutables, plus tard vérifiés et approuvés par M. Bour
dalou, une grande spécialité en ce genre, que les fameux
trente-deux pieds, différence étrange de niveau fausse-
ment supposée exister entre la Méditerranée et la mer
Rouge, pas plus que feu la malencontreuse Charte, n'é-
taient une vérité !.....

Ami dévoué de M. Linant de Bellefonds, l'arrière-petit-
fils du maréchal de ce nom, je dois par patriotisme, aussi
bien que par reconnaissance, ne pas l'oublier ici, et dire
que sa poitrine est littéralement constellée de croix, de
plaques d'officier et de commandeur d'ordres étrangers ;
il n'est, il'est vrai, que simple chevalier de la Légion d'honneur. Il ne les quémanda jamais ; mais les souverains, à
l'exception toutefois de la gracieuse reine d'Angleterre (ce
dont il doit être très-fier), se complurent à les lui adresser
très-justement pour le féliciter d'avoir si bien élucidé la
question par ses beaux travaux aussi savants que pratiques.

Français et tout à la fois haut fonctionnaire égyptien,
il est regrettable que M. de Lesseps n'ait pas vu en lui
un trait d'union utile, et dont on aurait pu tirer un parti
avantageux pour éviter les fâcheuses dissidences, les frot-
tements, les malentendus, qui peuvent avoir de déplo-
rables conséquences futures.

En effet, s'il n'est point tout frais moulu de l'École Polytechnique ni même héros de Juillet, la rare et intacte
honorabilité de son noble caractère, que tant de voyageurs
devenus ses amis connaissent et publient, les incontes-
tables services préparatoires qu'il a rendus au canal, en
dépit de la jalousie, de l'ingratitude et autres habiletés, y
rattachent très-légitimement son nom.

Sa longue et honorable carrière d'ingénieur au service
du gouvernement égyptien ne l'a certes pas enrichi, lui ;
mais, dans ses laborieux et pénibles services, il a double-
ment honoré son pays par ses talents et surtout par son
intégrité bien rare ; il a porté loin, haut et fièrement,

l'estime du nom français. En Égypte, beaucoup de gens plus habiles et moins puritains n'ont pas toujours suivi son exemple, et y firent, dit-on, des fortunes fabuleuses et bien rapides. Que voulez-vous? C'est encore le pays merveilleux des *Mille et une Nuits*, et voilà précisément pourquoi nos alliés intimes, qui nous en chassèrent après nos victoires, tout en gardant Malte qui est sur la route, ne voudraient pas même aujourd'hui nous y voir prendre pacifiquement pied, fût-ce même simplement pour de l'eau claire!... Quelle tendresse! Oh! entente cordiale!...

A cette fin et depuis des années, c'est monotone, que n'ont pas rabâché leurs journaux, leurs voyageurs, leurs ingénieurs et leurs orateurs, entraînant naturellement leurs hommes d'État à déprécier, calomnier, ridiculiser même le canal de Suez. Oui, nous devons l'expliquer, à Londres on est patient ; car on n'a pas à se dépêcher entre deux révolutions ou entre deux ministères, puisque le gouvernement peut à son aise poursuivre indéfiniment une idée par une politique constante. A Londres, on espérait exploiter notre légèreté, notre inconstance, et nous faire renoncer à une grande entreprise honorable pour notre initiative, et dont profiterait autant que le leur, notre pavillon, notre marine marchande, cette pépinière indispensable pour une marine de guerre puissante, *inde iræ*.

L'Angleterre préfère doubler le cap de Bonne-Espérance plutôt que de voir la marine française profiter du canal.

Il faut pourtant que la question se tranche avec l'isthme et que toutes ces pauvretés finissent ; car, après tout, on sait bien que John-Bull n'est rien moins que fier, tant s'en faut, bien au contraire. A moins, cependant, qu'il ne s'agisse du Pape ou du roi de Naples ; demandez plutôt à sir Gladstone? Alors, et dans ce cas, il est dur, injuste, ignoble même, aussi insolent que plat, et souple avec les Américains ou la première venue des grandes puissances qui lui montrera simplement les dents.

Le cabinet de Saint-James nous a vus à l'œuvre et devrait pourtant comprendre que le beau temps des exploits de Pritchard est très-loin et rien que ce nom ridicule nous est désagréable. Nous canonnons assez volontiers, cependant, pour donner matière à réflexion, malgré les volontaires et les canons monstres, au vicomte Palmerston, le noble lord qui, toujours *jeune*, au dire de la chronique scandaleuse, malgré son grand âge, devrait être, en vieillissant, un peu moins haineux, un peu moins francophobe. Si les choses en viennent jamais à se gâter une bonne fois, que de rancunes et que de représailles de notre côté !

Enfin lorsqu'il fallut bien se rendre à l'évidence, lorsque l'infatigable et, on peut le dire, l'admirable ténacité de M. de Lesseps, *incorruptible*, toujours sur la brèche, eut écarté tous les obstacles ; lorsque les ingénieurs venus des cinq parties du monde, attirés par le besoin de critiquer ou par l'amour de l'art, eurent étudié sur les lieux *de visu* la question, sans trouver à mordre un zéro malgré tous les Y et les X des plus savantes formules, alors il fallut bien se taire. Mais on persistait à vanter les avantages sur le canal trop coûteux du modeste chemin de fer. Sur les bords de la Tamise on trouvait les wagons de Suez très-suffisants pour rapprocher Bombay ou Calcutta, et permettre aux charmantes et blondes miss vaporeuses, retour de l'Inde, aux révérends en cravates blanches, aux officiers de la Compagnie, aux gentlemen, aux riches marchands de la Cité, aux touristes à favoris roux, comme aux nababs, de traverser confortablement le désert et de prendre leur thé aux heures prescrites par la fashion. Et que leur faut-il davantage à ces aimables insulaires ? Est-ce que la terre n'est pas faite pour eux ? ne semblerait-t-il pas, dans leur modestie, qu'elle leur appartienne, et que tous les peuples leur sont inférieurs ?

Comme tout bon Français non abonné, bien entendu, aux journaux anglophiles, j'exècre profondément l'anglomanie, l'Angleterre et les Anglais, d'aussi grand cœur que le très-spirituel sénateur M. le marquis de Boissy. Néanmoins, je leur rends pleine et entière justice ; ils sont profondément égoïstes, mais quel peuple pratique ? Malgré tout ce que pouvait promettre de résultat financier l'œuvre française, pas un Anglais, dit-on, n'a voulu souscrire pour ne pas nous aider de leur argent dans un travail dont, fors l'honneur, ils ont plus d'avantages matériels que nous à attendre. Quel admirable sentiment de jalousie nationale contre une idée française ! Quel exemple de fierté dans l'exécution unanime de ce mot d'ordre malgré l'appât du gain ! En ferions-nous autant, nous autres, dans notre France de 89 et démocratique ? N'essayons pas ; je redouterais le désintéressement du résultat.

Hélas ! malgré tous nos progrès et tous nos principes, l'Anglais nous donnera longtemps encore des leçons de patriotisme conséquent et de bon sens logique. Profitons-en et suivons leur exemple, si c'est possible ; mais est-ce possible ?... Au moins, consolons-nous par les leçons que nous ne cessons et ne cesserons, en revanche, de leur donner pour la loyauté désintéressée, la défense des faibles, l'honneur chevaleresque dont ils nous laissent assez volontiers le monopole exclusif, ne paraissant pas priser beaucoup ce qui ne rapporte pas un intérêt quelconque, ils ne font de tout ces préjugés qu'un cas assez médiocre.

Ce que c'est pourtant que l'endurcissement, et quel dommage que la haine enragée, folle, imbécile contre les *papistes* à qui on a volé leurs richesses (ha ! ha ! Messieurs les fils de Voltaire, des *Débats*, du *Siècle* et *tutti quanti*). Quelle pitié que les instincts purement rapaces et mercantiles, l'unique soif de l'argent, encore mieux de l'or, suffisent pour oblitérer le sens moral, oublier le sentiment du droit, du juste et de l'injuste, et faire dévoyer un peuple qui, sans ces gentillesses et ces bagatelles, serait bien autrement qu'il ne l'est un grand peuple.

Au lieu de n'avoir pas une alliance naturelle et sympathique, au lieu d'être la Méphistophélès des nations qui la maudissent, d'avoir soulevé contre elle toutes les plus légitimes rancunes et la soif des vengeances, d'avoir amoncelé toutes les iniquités coupables et fait monter jusqu'au trône de Dieu, avec le sang des justes, les cris des victimes et des opprimés ; si l'Angleterre était restée pure de ces durs reproches qu'elle n'entend même pas, elle serait plus grande et moins universellement abhorrée. Mais elle fomenta partout la révolution ruineuse et destructive pour en profiter et vendre sur les ruines de la révolution quelques misérables ballots de plus de ce coton qui, déjà, lui manque. Serait-ce un châtiment préparatoire ? Lorsque la coupe sera pleine, alors, luira aussi pour elle son jour de juste et dure expiation dont elle semble se moquer derrière ce large fossé qu'on appelle la Manche, mais elle n'en est que plus inquiète au fond, n'ayant pas la conscience bien nette. Elle sait que Tyr, Sidon et Carthage dans l'antiquité, Venise au moyen-âge, furent successivement les reines de la mer, royauté factice qui n'eut qu'un temps ; la perfide Albion, colosse aux pieds d'argile, passera comme elles ; il n'est pas dans les vues de la Providence que rien ici-bas soit immuable.

En attendant, elle est riche et prospère, mais à tout prendre moins redoutable cependant que ne le prônent nos transfuges, lorsque dans leur triste enthousiasme ils l'exaltent à outrance, en vertu sans doute de l'axiome : qui se ressemble s'assemble ; ou : dis-moi qui tu hantes, je te dirai qui tu es.

L'indispensable trafic qui la fait vivre et opprime, pour l'enrichir, l'univers entier, par la rapacité de ses fabricants, est d'autant plus vulnérable qu'il est plus étendu, recouvrant le monde de ses réseaux. En dépit de ses flottes de guerre et de ses vaisseaux cuirassés, le *Black-Prince*, par exemple ; à un moment donné, d'intrépides et habiles corsaires, voyez les Américains du Sud et l'*Alabamah*, ruineront infailliblement son négoce par lequel, lorsque viendra l'heure fatale, la Providence qui aura son tour voudra la frapper au cœur.

En retrouvant les intrigues britanniques au fond de toutes les questions brûlantes qui menacent à tout moment le repos de la vieille Europe, on est involontairement entraîné à dire hautement, dans toutes les langues qui s'y parlent, le *delenda Carthago* des anciens, pour arriver à sortir enfin de la paix armée qui ruine tous les États et reconstituer un ordre de chose, une paix durable et non pas factice et précaire.

Il est des incohérences monstrueuses qui surpassent la compréhension d'une intelligence cléricale : pourquoi à pendre et à dépendre nos libéraux, sont-ils les souteneurs, à la lettre, de la politique anglaise ? On comprend certains détails, renverser de temps en temps un Bourbon de plus ou attaquer de concert le Saint-Siége, bien ! Mais dans l'habitude de la vie, lorsqu'il ne s'agit plus de révolutionner de compte à demi, comment, partant de principes si diamétralement opposés, l'aristocratie omnipotente et la démocratie militante, en voilà de l'inconséquence ! Comment être assez peu logiques dans un pays si éclairé que le nôtre, pour ne pas voir comme l'évidence et la lumière du grand jour les véritables et seules causes de son incontestable supériorité marquée, la stabilité de ses institutions fortes et conservatrices.

La stabilité des institutions anglaises fait sa force.

Si l'Angleterre dédaigneuse et méprisante, calculant froidement, cyniquement on peut le dire sa politique égoïste, mais invariablement systématique, si elle s'agitait stérilement, se rongeait le foie, se dévorait intérieurement les entrailles comme nous le faisons à sa joie profonde depuis les beaux jours de 89, elle eût péri il y a longtemps comme périra le Piémont.

Mais elle eut vite assez d'Olivier Cromwell et de son essai de république. Quelquefois la vengeance du ciel

est patiente et tardive, et si elle n'expie pas encore comme
nous l'expions le sang du régicide, un grand crime,
M. Havin! elle a au moins l'esprit, le tact et le bon goût
patriotique de ne pas renier son passé, de ne pas rougir de
son histoire dont elle est si fière, qu'elle renoncerait plutôt
à l'abolition de l'esclavage dans *nos propres colonies*, aux
coups de fouet, *du chat* dans son armée et sur ses flottes,
(quelle humanité!), plutôt qu'à ses usages séculaires, au
dédale de ses lois féodales, à ses vieux costumes officiels,
aux perruques de ses magistrats, pas même au fameux sac
de laine, ce en quoi du reste elle a grandement raison et
nous grand tort. On peut même ajouter qu'elle tient à sa
famille royale, à ses grands noms, à ses grandes fortunes,
à son aristocratie capable, identifiée, liée intimement au
peuple et à ses intérêts, sauf en Irlande!

Mais la peine du talion, notre espoir et qui doit la
flageller, surgira terrible le jour où ce peuple éclairé par la
lumière électrique des conspirateurs, des fauteurs d'assas-
sinats, des grands coupables auxquels il donne à son foyer
une hospitalité si amicale et si protectrice, le jour, dis-je, où
nous verrons son déclin; lorsqu'à son tour il pillera, brûlera
ses propres archives et les châteaux splendides de ses lords
proscrits ou décapités; lorsqu'il vendra nationalement les
fortunes héréditaires et détruira légalement les familles et
jusqu'à la race de sa noblesse.

Ce jour-là, nous serons vengés et nous n'aurons plus
rien à redouter des Anglais.

Mais quand viendra-t-il ce jour désiré? Dieu le sait, en
attendant, *rule Britannia*, l'Angleterre continuera d'être
sans entrailles et rancuneuse à ceux qui la gênent, implacable à ceux qui l'entravent dans ses desseins, voyez les
Bourbons! n'oubliez pas non plus Sainte-Hélène!... Elle res-
tera sourde aux souffrances de ses Ilotes, écoutez la pauvre
Irlande affamée! mais elle entendra toujours avec indignation les cris de douleur *Cavouriens* de l'Italie *Gari-*

baldienne, pour favoriser perfidement la descente de véritables forbans dans la Sicile qu'elle convoite. Pour amadouer les niais par des niaiseries philanthropiques, elle organisera bruyamment *des meetings* et des banquets surtout, pour trinquer à la malheureuse et sanglante Pologne qui est coupable de catholicisme. Mais après la boisson? Après! les ministres sous-secrétaires d'État qui ont la chance et l'esprit de conserver leurs portefeuilles infiniment plus longtemps que les nôtres, et c'est déjà une grande supériorité, Son Honneur lord John Russell et ses collègues, déclareront après boire que le gouvernement de Sa Majesté la reine, que Dieu garde, est trop sensé et trop bon gardien des intérêts véritables de son peuple pour risquer, ah bah! oui, un homme et un shelling, pas même une guinée pour des billevesées pareilles. C'est bon pour la France la théorie des fraternités; puis on entonnera le *God save the Queen* et le tour sera joué, tout le monde content et l'honneur satisfait, mais l'honneur britannique, ne pas confondre.

Tel est l'exact bilan de son amour exemplaire pour la justice des grandes causes, de son respect des traités qui peuvent servir ses vues secrètes, de son intérêt pour les nationalités dont elle se moque et qu'elle exploite, de ses tendances négrophiles pour ruiner les colonies dont elle n'a pu s'emparer encore.

Pour mieux jouer son rôle, elle saura emprunter tous les moyens, se couvrir de tous les masques.

Comme à l'envi, ses lords maires et ses lords chanceliers, au besoin, parleront noblement, vieilles alliances, philanthropie, liberté, droits des peuples auxquels elle enverra des rois de rechange comme à la Grèce, des diplomates comme aux Danois, des usuriers comme au Portugal ruiné, des Bibles protestantes au rabais comme à l'Italie où l'anarchie à son gré ne marche pas assez vite, et à l'Espagne fidèle au culte de ses pères et qui n'en veut pas.

Mais là s'arrêtent les bornes de ses profusions pharisaïques.

C'est par de semblables moyens et la persistance qu'on entasse d'énormes quantités d'or dans une île brumeuse. Par cette machiavélique et opiniâtre ligne de conduite, quelle fascination on exerce sur le monde divisé et craintif des redoutables colères du lion, cruel dans ses exécutions sanglantes et injustes! Copenhague brûlée jadis, comme hier encore Kagosima, Beyrouth et Saint-Jean-d'Acre en 1840, bombardées pour avoir compté sur le drapeau tricolore. N'oublions jamais ces récentes humiliations, pas plus que Crécy, Poitiers, Waterloo, Azincourt et Trafalgar. Sous le beau prétexte d'entente cordiale, ne tirons pas simpiternellement les marrons du feu. Surtout qu'on ne vienne pas nous dire avec les idéologues, passe encore dans les congrès de la paix, que de l'union étroite et *généreuse* de la France et de l'Angleterre, les deux nations libérales par excellence (joli le libéralisme anglais!), doivent résulter l'avénement du progrès final, les fins dernières et suprêmes de la civilisation des peuples émancipés, de la société nouvelle, etc. *Proh pudor!* assez de mots creux, allons au fond des choses, et que l'expérience du passé nous serve enfin pour le présent et disons : Dieu sauve la France !.... sans l'alliance anglaise.

Il faut que la politique de notre éternelle rivale soit arrivée au comble de l'outrecuidance pour que des orateurs impartiaux, élevant contre elle une voix indignée dans son propre Parlement, en viennent à proclamer (discussion des affaires du Japon), dans une indignation profonde et une sainte colère, qu'ils se sentent humiliés pour la gloire de leur pays et honteux dans leur dignité d'Anglais. Ne soyons donc pas après cet aveu plus Anglais que les Anglais, Messieurs de l'avenir.

III

CONCLUSION

Ami lecteur qu'absorbe exclusivement l'intéressante question des sucres bruts ou raffinés, veuillez pardonner à mon incapacité complète ; car, totalement étranger au tarif fort instructif des douanes, il me serait impossible de disserter agréablement sur le libre-échange, et de parler matières premières, laines, suifs, cuirs, huiles ou fers laminés, etc.

Uniquement préoccupé de l'honneur, de la grandeur et des intérêts généraux, je laisse aux gens compétents et surtout plus capables les questions spéciales et de détail qui regardent le commerce de notre belle patrie, quelquefois un peu légère et inconsidérée. Qu'on ne cherche donc point dans ces pages modestes une sorte d'inventaire ou de statistique, ni même les moindres chiffres commerciaux sur le nombre et la nature des tonnes de marchandises ou de houille, qui, en l'état, doublant le cap de Bonne-Espérance, trouveront plus court, plus sûr et partant plus économique de passer par les mains de M. de Lesseps.

La Compagnie a son journal, le public sait la géographie, ou du moins doit la savoir ; mieux que personne il connaît ses propres intérêts : ce serait donc abusif et lui faire injure, que de revenir en sous-œuvre lui détailler ici prosaïquement les avantages du canal des deux mers

comme ceux du canal d'eau douce, lui parler des lacs
amers et du lac Timsah, ce qui veut dire crocodile ; espérons seulement que les actionnaires ne seront point dévorés
par les loups-cerviers et autres bêtes féroces, sous forme
d'Anglais, à propos d'individualités malfaisantes. Deux évé-
nements récents m'ont fait prendre la plume, malgré mon
infériorité notoire, que la bonne intention me la fasse au
moins pardonner.

Dans un banquet superbe, des intéressés réunis, le
11 février 1864, au nombre de plus de quinze cents, au
Palais de l'Industrie, pour entendre traiter de leurs
affaires en famille, une voix retentissante partie des mar-
ches mêmes du trône, prononça un très-spirituel et sardo-
nique discours, dans lequel il est toutefois regrettable de
trouver une comparaison au moins intempestive du Saint-
Père, chef spirituel, vénérable et vénéré, de deux cents millions de catholiques (sans compter les catholiques sincères,
mais indépendants, du *Constitutionnel*), et de Sa Hautesse
le Commandeur des Croyants, le Grand-Turc.

Passe encore *une charge....* à fond sur l'Inquisition exé-
crable, qui n'est plus là pour se défendre ; passe encore
pour les malédictions obligées contre la corvée et le monde
d'avant 89. Cela fait bien ; mais, hélas ! pour Dieu, en quoi
S. A. I. le Prince Napoléon peut-il trouver que Sa Sainteté
Pie IX ait jamais protesté (1) avant ou depuis Castelfidardo
—*vilain souvenir !*—contre le canal et crée des embarras à
l'innocente Compagnie de Suez comme le Sultan Abdul-
Aziz ? Qu'avions-nous fait au prince pour qu'il nous ait pris
tous pour des abonnés du *Siècle*, nous tous qui banque-
tions là si paisibles ? C'est l'Angleterre qui proteste et contre
laquelle il faut protester.

(1) Un journal vient de découvrir que c'est le pape Sixte-Quint qui, le premier, a conçu le projet du percement de l'isthme de Suez. Pour s'en convaincre,
il suffit d'ouvrir *l'Histoire des Papes dans les seizième et dix-septième siècles*,
par Léopold Ranke, tome III, page 346. Edition française de 1838.

L'autre incident, qui me pousse peut-être à tort aux pré-
tentions de la brochure, est le manifeste des ouvriers rela-
tivement aux *candidatures ouvrières*. Symptôme grave et
document réfutable en beaucoup de points (1), il est vrai,
mais qui n'en indique pas moins clairement à quel point nos
députés se trompent lorsqu'ils croient, dans leur sagesse,
parfait notre système de représentation nationale au contraire fort défectueux s'il est commode.

Après avoir protesté contre certaine partie du discours
princier, je veux louer, au moins dans les limites de ma
faiblesse et de mon obscurité, les points saillants de ce discours, certains passages fort remarquables, qui n'échappè-
rent à personne et de nature à trouver dans ce pays un
immense retentissement, un sympathique écho général,
quoique *le Moniteur* et ses acolytes officieux ne l'aient
point reproduit. Je louerai donc le Prince d'avoir parlé
comme il l'a fait, non pas du Pape, hélas! mais de notre
fidèle et bonne alliée l'Angleterre, de ses aspirations légitimes vers une sage liberté, liberté de discussion et de
contrôle; mais surtout d'avoir, en finissant, confié notre
grande entreprise (trop avancée pour que la dignité de la
France n'en fût pas compromise en cas d'échec), à la sagesse et à la toute-puissance de cette toute-puissante reine
du jour : l'opinion publique!......... Ne pas confondre

(1) Il y a tout un grand événement dans ce manifeste, qui nécessiterait plus
qu'une brochure et plus qu'un livre, une longue et sérieuse étude des graves
questions qu'il soulève. Là demande des soixante ouvriers est en opposition
flagrante avec les principes immortels; mais elle n'en est pas moins juste.
Ainsi les ouvriers se trouvent perdus, isolés, et mal ou pas représentés, dans ce
désert d'homme qu'on appelle la société nouvelle, si égoïste, où les classes
n'existent plus légalement, ce qui est absurde, puisqu'elles existeront toujours
de fait. Il est curieux de voir l'embarras et la stupeur des *Havin* et compagnie,
furieux de voir qu'enfin, se blasant sur les mots creux et les vieilles banalités,
les travailleurs s'aperçoivent fort bien que 89 n'est pas le *Pérou*, et qu'avant
89 leurs intérêts n'étaient pas si méconnus avec les *corps de métiers*. Pour
que le peuple soit traité comme la justice le veut, il faut plus que des lois, il
faut ce que n'a jamais connu l'antiquité, le monde païen, il faut l'esprit d'une
société chrétienne.

avec l'*Opinion nationale*, qui est l'opinion particulière de MM. Guéroult, etc., etc.......

Il est inutile et serait trop long, d'entrer dans les détails judiciaires entre Nubar-Pacha, le camarade de pension de l'illustre orateur, et le Conseil d'administration de la Compagnie, au sujet du rachat du canal d'eau douce et des terrains légalement concédés par le précédent vice-roi, Saïd-Pacha, la terre *de Gessen*, de biblique mémoire, pas davantage, et quel souvenir pour les fils de Jacob ! Dire que la tribu des Rothschild reste pourtant indifférente ! *O tempora ! ô Mirès !...*

Dans sa plaidoirie pour son client Nubar, le citoyen Jules Favre, en sa qualité de prince de la parole démocratique, a cru devoir prononcer de si jolies choses, qu'il est charitable de renvoyer le lecteur à *la Gazette des Tribunaux* pour sa complète édification. Disons seulement que cet incident est du nombre des questions soulevées par la haine venimeuse et les manœuvres souterraines de la politique *anglicane* à Stamboul, la bien gardée, suite et conséquence naturelle du maudit traité (1) du 15 juillet 1840, dit traité Brunow, signé à Londres sans nous, et dont nous pourrions tout aussi bien déchirer les pages que des traités de 1815. Il est humiliant pour la France, et qui oserait actuellement nous exclure du concert européen ?

Je me garderai d'attaquer S. A. Ismaïl-Pacha, le vice-roi d'Egypte actuel, qui, élevé en France, serait un ingrat s'il ne nous gardait pas au fond du cœur une certaine reconnaissance. Il est plus que personne intéressé à l'achèvement du canal qui doit assurer la neutralité de l'Egypte.

Avant de lui reprocher les intrigues et les chicanes

____

(1) Consulter à ce sujet : Cadalvène et Barrault : *Deux années de l'Histoire d'Orient ;* Anagnosti : *les Idées de la Révolution et les affaires d'Orient ;* Francisque Bouvet : *la Turquie et les cabinets de l'Europe ;* M. Berton : *Intérêts rivaux de la France et de l'Angleterre en Europe et en Orient ;* Capefigue : *Histoire de Louis-Philippe*, et surtout la collection du *Moniteur.*

anglo-constantinopolitaines, il faut se mettre à sa place.
Sous Louis-Philippe, lorsque, secondé par Soliman-Pacha
(Sèves, encore un compatriote), son intrépide et habile
major-général, lorsque le vainqueur de Nésib, Ibrahim,
s'avançait sur le Bosphore, un officier d'état-major français, M. Caillé, aide de camp du maréchal Soult, comme
autrefois Josué le soleil, arrêta d'un mot la marche victo-
rieuse de l'armée égyptienne. Ce fut peut-être une grande
faute ; car, actuellement, l'éternelle question d'Orient, toujours pendante et menaçante, serait-elle résolue, qui sait?

Quoi qu'il en soit, pour la *seconde fois* et comme à Ku-
tahyéh après la bataille de Koniah, la France de Juillet
disait à Méhémed-Aly : « Au nom de l'équilibre européen
menacé, soyez prudent et sage dans la victoire. Ne nous
compromettez pas vis-à-vis des grandes puissances avec
lesquelles nous ne pouvons raisonnablement nous brouiller
pour vous, car il nous faut le *statu quo*, la paix à tout prix,
n'étant déjà pas trop solides à l'intérieur, et à preuve!
Mais au jour de l'infortune ou du moindre danger, votre
condescendance trouvera *le juste-milieu* prêt à vous rendre
la pareille ; l'amiral Lalande et sa bonne flotte veilleront
sur vous pour que la vertu soit récompensée. » M. Thiers
a la main heureuse pour ses amis, et l'on sait ce qu'il
advint de ces fallacieuses promesses. Si j'ai bonne mémoire, ce fut, hélas ! la flotte anglaise et les canons de
l'amiral Stopford qui eurent le dernier mot dans cette
triste et honteuse affaire, et mirent pour le moment le
sinet à la question orientale, en faisant une large trouée (1)

____

(1) En frappant le vice-roi, elle (l'Angleterre) avait déshonoré la France, et,
en la privant de toute influence en Orient, elle l'avait privée en même temps
de tous ses droits au titre de grande puissance. Aux yeux de l'Europe et du
monde, nous n'étions plus *qu'un État de second ordre;* et loin de nous rele-
ver, la convention récente des détroits (13 juillet 1841), dont le ministère
Guizot veut à tort s'enorgueillir, n'a fait que sanctionner notre abaissement,—
*Histoire des peuples Musulmans, suivie de considérations sur les destinées fu-
tures de l'Orient,* par J.-J. Barrau, page 322.

à notre influence séculaire dans le pays où naît l'aurore, comme dirait un romantique en parlant de l'Orient, pays où nous n'avons pas de chance, malgré notre bravoure, en remontant jusqu'aux croisades. Changerons-nous enfin la veine?

Aujourd'hui les temps sont bien changés, hâtons-nous de le reconnaître. Sébastopol et tout le sang précieux et regrettable, tout l'argent, et que d'argent! dépensé pour la fameuse intégrité de l'Empire ottoman, toujours cependant bien podagre, malgré le remède héroïque; tout cela, dis-je, devrait bien nous y rendre la prépondérance, au lieu de nous voir comme influence placés, dit-on, assez piteusement.... *à la Porte!* Que voulez-vous? les voisins, les bons alliés les Anglais, sont toujours là, et il faut compter avec eux et leur tendre sollicitude pour *le Coran,* qu'ils ne veulent point voir lacérer par la concession territoriale, je ne dirai pas aux *infidèles,* non, à un être collectif, à une Compagnie universelle où le pacha est souscripteur pour 86 millions de francs sur 200. Mais le siége de la Compagnie est place Vendôme. Après tout ils sont dans leur rôle, puisqu'ils se targuent avec complaisance d'être la plus grande puissance musulmane. Il ne manque au cabinet de Saint-James et à lord Palmerston surtout, que le pèlerinage de la Mecque pour gagner le paradis..... de Mahomet. Grand bien lui fasse à son âge!

Après ce court mais lucide exposé de la question passée et présente, il est aisé de comprendre que le petit-fils de Méhémed-Ali, obligé de naviguer entre Constantinople et l'Angleterre, d'entretenir journellement d'aimables relations avec le consulat britannique qui l'obsède de réclamations, il est clair, dis-je, que Son Altesse, quelles que puissent être ses sympathies pour la France, doit marcher bride en main et semble nous dire : *chat échaudé craint l'eau froide !...* A qui la faute?

Par la force des choses nous ne pouvons le trouver mau-

vais, car l'Angleterre, qui n'a pas de révolutions périodi-
ques, qui ne change pas régulièrement de gouvernement,
et pour cette raison nous regarde comme de grands enfants,
tandis qu'elle, jamais, ne change sa politique ; l'Angleterre,
et ce n'est pas d'hier, ne veut pas de l'influence française
en Égypte (1). Est-il donc surprenant ensuite qu'elle ait
sur les Orientaux, très-fins observateurs, plus d'influence
que nous autres, aux promesses, à la politique mobile,
desquels il ne leur serait nullement prudent de se confier.
Disons : *mea culpa*, et soyons plus sages, car nous avons
encore beaucoup à progresser, n'en déplaise à M. le ministre de l'Instruction publique, qui trouve naturellement
que tout va pour le mieux dans le meilleur des mondes
possibles. Que Son Excellence nous permette de lui dire
en passant que si la Provence eut la peste et Mgr *de
Belzunce* avant 89, nous avons depuis et en vertu de l'éga-
lité le *choléra* dans tous les départements..... En 1855,
ce qui n'est pas aussi vieux que l'ancien régime, M. le Ministre a pu en entendre parler et peut encore savoir le
chiffre exacte des victimes du terrible fléau.....

Par tout ce qui précède et par suite du manifeste des
ouvriers, j'arrive à ouvrir ici la parenthèse à deux battants
pour introduire MM. les élus du Corps législatif et les
mettre sur la sellette.

Le prince Napoléon a dit bien haut : « Si le vice-roi
« veut vous opprimer sous les menaces de la Porte (inutile
« d'ajouter à l'instigation anglaise), alors adressez-vous
« au gouvernement de l'Empereur, et agissez en plein so-
« leil... Marchez en avant, marchez au grand jour de
« l'opinion publique. »

---

(1) Les Anglomanes pourront consulter à ce sujet un ouvrage curieux :
*Political Recollections relative to Egypt : conteping ils relative importance
to England; and its dangers to England in the possession of France*, by
G. BALDWIN, esq. London, W. Bulmer. In-8°. 1802.

Mais il disait aussi en terminant : « Tout ce que je vous
« ai dit, c'est mon opinion personnelle, individuelle, elle
« n'engage que moi seul, et vous ne devez attribuer aucune
« attache officielle à ce que je viens de vous dire. »

En avant donc l'opinion publique, et je viens ainsi péti-
tionner auprès de l'opinion sous forme de la présente brochure, préférant m'adresser directement au peuple souverain, notre arbitre, plutôt qu'à Messieurs les sénateurs, que
fatiguent déjà tant de pétitions. J'ose espérer qu'ils me
tiendront compte et me sauront gré de cette attention
délicate.

Cette initiative individuelle d'un prince du sang devrait,
quoique isolée, faire grande honte à nos très-humbles ser-
viteurs les mandataires du peuple souverain, notre auguste
maître à tous, Messieurs, laissez-moi vous le remémorer
brutalement ; car vous êtes issus du suffrage universel et
devez compter avec lui, c'est-à-dire avec nous tous électeurs, pour vous servir. Oui, Messieurs, vous êtes nom-
més pour faire nos affaires. Cependant . . . .
. . . .
. . . . Messieurs les
députés des 89 départements semblent oublier, dans les
délices de l'élection, tumultueusement validée pour les
uns, obscurément pour d'autres (*aurea mediocritas*, dit le
poëte) ; oublier, dis-je, qu'il est certaines questions, outre
les emprunts locaux, les échanges importants et si palpi-
tants d'intérêt de circonscriptions communales, etc., etc.,
dont ils devraient se préoccuper de temps à autre. Mais ils
ont tant à faire.

Ces Messieurs n'ont pas même eu la pensée que, bien
moins pour défendre un intérêt privé d'argent qu'une
question de susceptibilité nationale comme d'un intérêt
non pas seulement général, mais *universel*, depuis le temps
qu'on entrave les opérations et les efforts de la pauvre
compagnie, ils n'ont pas eu soupçon qu'il pouvait être de

leur devoir comme dans leurs obligations vis-à-vis le suffrage universel, avec lequel il faut pourtant bien compter,
je le répète, de suivre le conseil de Son Altesse Impériale.

Pourtant la chose en valait bien la peine, et comment sans
eux suivre l'avis : « Que tout passe par la voie régulière et
officielle. » On nous dira, je le sais : Mon Dieu, de pudiques
susceptibilités de délicatesse les arrêtent. Fort bien pour
ceux qui peuvent avoir beaucoup d'actions ou faire partie
du conseil d'administration ; mais les autres? Cherchez
donc de meilleures fins de non recevoir, car notre gloire à
nous c'est que nous ne faisons pas métier de lever des
primes sur nos actions qui sont sérieuses, et, puisqu'on a
bien soulevé le voile des bons Jeckerr au Mexique, on peut
parler hardiment de nous et de nos démêlés avec les Anglais qui doivent enfin finir par appeler l'attention gouver-
nementale.

Lorsqu'une question majeure, nationale, se complique
de rapports fâcheux et irritants avec l'étranger, appar-
tient-il, oui ou non, au Corps Législatif, de prendre l'initiative officielle, d'éclairer la sagesse du gouvernement?
On a fait la guerre à l'autre bout du monde, au Mexique,
en Chine, en Cochinchine, au Japon, pour maintenir l'honneur du drapeau et protéger les intérêts de notre commerce, de nos nationaux ; et le Palais-Bourbon, qui entend
de si beaux discours, ne pourra seulement pas entendre
parler du canal de Suez?

Cependant son journal a publié plus de trente adresses
des départements, chaleureuse marque d'adhésion de la
province intéressée à ce qui allait se dire au banquet ; il a
cité le nom de quarante villes qui envoyèrent leurs dépu-
tations pour y être ostensiblement représentées. On dirait
vraiment que ces départements, que chacune de ces villes
importantes, n'ont que des députés maladifs et cacochymes,
et sans cesse gardant le coin du feu en robe de chambre,
empêchés par la grippe ou le coryza de comprendre à quel

point leurs électeurs se fatiguent et s'irritent des menées anglaises.

« Monsieur Josse, vous êtes orfèvre, » me répondront les honorables. Quoi! vous voulez qu'écrasés déjà des affaires du pays au point de négliger pour elles nos propres affaires, nous allions encore fatiguer nos poumons, multiplier nos veilles, pâlir sur de nouveaux dossiers, engager le gouvernement dans une nouvelle guerre, et pourquoi? pour faire monter vos actions à la Bourse. Vous nous traitez légèrement pour n'atteindre effrontément qu'à ce résultat boursicotier qu'il n'est pas même de notre dignité d'entrevoir. L'ordre du jour! l'ordre du jour! . . . . .
. . . .
. . . .
. . . .
. . . .
. . . .
. . . .
. . . .

D'abord personne, Messieurs, ne demande moins la guerre que nous; la guerre, horrible fléau qui, en dépit du progrès et suivant la statistique récente de M. Germain Sarrut, un homme du progrès pourtant, coûta au peuple français seul, de 1791 à 1814, le chiffre effrayant de *quatre millions cinq cent cinquante-six mille hommes.* Qu'on ajoute à cette horrible hécatombe ce que perdit la Vendée, Lyon, le Midi et quelques autres départements (sans parler bien entendu de la guillotine et des noyades), et nous pouvons porter à cinq millions, plus peut-être, ce que nous coûte la guerre civile et étrangère pour une idée. Doublons ce chiffre pour y comprendre en bloc tout ce que nous avons tué aux peuples voisins, *nos frères,* et après ces calculs sanglants qui font dresser les cheveux sur la tête, n'est-il pas permis de désirer ardemment la paix, en trouvant que depuis 89 tout ne fut pas précisément couleur de rose, raison pour laquelle il devient abusif d'en parler toujours comme de l'idéal de la félicité sans mélange. Que dirait aujourd'hui La Bruyère de cette épouvantable statistique du progrès révolutionnaire? Ce sont les journaux et les gens du progrès qui veulent encore la guerre, malgré tout ce qu'elle entraîne de sang et de larmes !

Lorsque nous fîmes la conquête d'Alger, l'Angleterre voulut nous intimider ; on sait le mot du baron d'Haussez, et il n'y eut pas de guerre. Il y en aurait donc encore moins présentement, et il suffit d'avoir l'air de ne pas la craindre, mais d'être *fermes*.

En second lieu, notre orfèvrerie n'est pas riche, puisque orfèvre il y a, et, si le prince a vendu ses actions, l'auteur n'en possède que vingt-cinq, juste le chiffre requis pour assister aux assemblées générales ; d'ailleurs, elles ne rapporteront jamais 80 francs par jour, quoi qu'il arrive. Je ne demande aucun nichan-iftihar au pacha, ne faisant pas collection de décorations. Je n'ai jamais parlé à M. de Lesseps et n'ai eu l'honneur de le voir qu'au banquet et de loin encore. En outre, si l'Angleterre, par une circonstance fortuite, imprévue, impossible à prévoir, ce qui s'est vu, mettait jamais la main sur le canal, certainement elle mènerait si bien les choses, que les actions *n'en vaudraient que mieux;* car la Bourse, sous ce rapport, a fait ses preuves et gagné ses éperons. Ce n'est pas par le côté patriotique qu'elle brille, elle est plus positive. Ainsi, contrairement à beaucoup d'autres, ce n'est donc point l'intérêt, l'agiotage qui nous émeut, mais bien l'impatience, la nationalité blessée par des intrigues fatigantes, qu'un mot énergique seul ferait rentrer dans l'ombre. Un mot, est-ce trop d'exigence ? De grâce, *ce mot*, qu'on nous le dise ; c'est bien peu demander, et pourtant c'est l'*ultima ratio* de la question.

En finissant, laissez-moi dire *à l'opinion publique* pourquoi on n'a pas encore demandé ce mot ; c'est que la députation actuelle *n'a pas de contrôle*..... Si les ouvriers eux-mêmes ne trouvent pas leur députation démocratique suffisante, ne répondant pas à leurs besoins, à leur attente, c'est qu'elle ne rend pas compte à ses mandataires de sa conduite parlementaire, de ses pensées, de ses faits et gestes, de ses votes comme de ses discours, de tout ce qui constitue une session. Une fois nommée, elle ne rend compte qu'à Dieu, mais ses électeurs n'ont pas de contrôle sur elle. C'est *la serrure sans la clef*, et pour arriver à une représentation exacte et parfaite, il faut *un progrès* qui n'aurait pas dû échapper au savant ministre chargé de nous instruire. En vertu et comme corollaire de 89, nos élus doivent nous rendre *un compte rigoureux*. Comment? C'est à l'expérience et à la sagesse paternelle du gouvernement à l'essayer. J'attache simplement le grelot.

Quelque fou que ce grelot semble au premier abord, on y viendra; mais quelle répulsion trouverait, dans les bureaux de la chambre basse, la proposition étrange du contrôle électoral! Il n'y aurait pas assez d'expressions dans la langue parlementaire pour traiter de folie, d'aberration de rêve creux, une proposition aussi stupide. Quelle tour de Babel vous nous donneriez, affreux pétitionnaire, par cet affreux mélange d'interpellations villageoises auxquelles nous ne saurions pas les trois quarts du temps que répondre.

Mais, Messieurs, calmez-vous, et, de grâce, que le parlementarisme ne soit pas un vain mot, que la souveraineté du peuple soit comme la charte, une réalité, car enfin les membres de la Chambre des communes de l'autre côté du détroit, qui sont tout aussi grands seigneurs que vous sans vous offenser, en passent volontairement par ces fourches caudines valant mieux après tout que les fourches patibulaires, par cette garantie rigoureuse, cette véritable contre-partie de l'élection qui leur coûte pourtant assez cher.

Qui veut la fin veut les moyens, et citoyen obscur, ma

conviction profonde est que, bon gré malgré, l'idée germera, vous en arriverez à passer par cette filière, la seule qui puisse assurer la paix du gouvernement et de l'État par la certitude qu'une Chambre ainsi constamment sous le coup des redditions de comptes minutieux, sera la véritable expression d'un peuple assez avancé pour se gouverner par le système représentatif. Si nous n'arrivons pas à ce contrôle, nous ne sommes pas encore mûrs pour la liberté, et dans ce cas il serait incontestablement préférable que l'administration nomme elle-même les députés ; car il serait alors constaté que nous sommes incapables de faire nos affaires nous-mêmes et qu'il est plus sage, comme aux mineurs, de nous donner des tuteurs plus capables.

M. Dupin persiste à croire, qu'en 1830, les deux cent vingt et un étaient dans leur droit. D'autres, d'un avis contraire, ont prétendu qu'ils ne devaient seulement qu'empêcher Charles X, un fier tyran, de porter une main liberticide sur la presse qu'il fallut bien pourtant morigéner ensuite sous son vertueux successeur si méchamment enlevé à l'amour de son peuple. En 1848, les convives des fameux banquets voulaient simplement donner une leçon au pouvoir en demandant la *réforme* et l'*adjonction des capacités*, il fallait pendant qu'on y était profiter de l'occasion et demander aux députés la fameux *redde rationem villicationis tuœ* de l'Évangile. On prétend aussi qu'il y avait bien dans leur appétit un peu de chasse au portefeuille.

Les députés, à l'Assemblée qui suivit cette étrange Révolution, proclamèrent, je ne sais combien de fois, que la République était assise à jamais dans nos cœurs, et pourtant ils se trompaient. Bref, il tombe sous le sens que si ces divers Messieurs avaient été en directe et parfaite communauté, en relation intime, exacte avec les besoins, les vœux, les ordres, pour être plus explicite, de la masse tranquille de la nation, au lieu d'être simplement la surface agitée, la partie agitante et dans un but personnel

parfaitement *intéressée* ; car les révolutions profitent toujours à quelques-uns si elles en ruinent un plus grand
nombre ; il est probable, il est même très-positif, que ces
coûteuses révolutions auraient pu être évitées.

Contrôlons donc si nous avons le sens commun, et par
le contrôle évitons de nouveaux bouleversements pour
l'avenir, sauf à gêner un peu la tranquillité de nos députés
peut-être . . . .

. . . .

. . . .

Je crois faire acte de bon citoyen en m'adressant à
l'opinion comme au gouvernement, et j'apporterais volontiers mes actions en sacrifice sur l'autel de la patrie, pour
la voir toujours fière, grande, mais surtout tranquille et
enfin heureuse après tant de vicissitudes. *Paix* et *concorde*
au lieu d'exciter à la haine des citoyens entre eux.

Que Dieu entende et exauce ce cri généreux, sincère et
parti du cœur de tout bon Français !....

FIN

www.ingramcontent.com/pod-product-compliance
Lightning Source LLC
Chambersburg PA
CBHW051727050726
47598CB00003B/1075